El camino del perdón :

Un Viaje de Sanidad

Identidad y

Restauración

AUTORA PASTORA
RUTH FERNANDEZ

EL PRIMER PASO NO TE LLEVA DE UNA VEZ DONDE QUIERES IR , PERO SI TE SACA DE DONDE ESTAS.

ESTE CONTENIDO NACIO DE UNA CONVERSACION , MIENTRAS DABA UNA MENTORIA , PUDE VER LA NECESIDAD DE TENER UNA GUIA PARA SANAR EL ALMA HERIDA.

El Camino del Perdón – 20 Días y mas de Restauración Interior

Autora: Pastora Ruth Fernández

Días Devocionales

1. **La Puerta del Perdón** – Proverbios 17:9
2. **Dios Me Perdona Primero** – Marcos 11:25
3. **La Carga de la Ofensa** – 1 Pedro 5:7
4. **Sanando Desde Adentro** – Salmo 147:3
5. **El Amor Cubre la Falta** – Proverbios 10:12
6. **Setenta Veces Siete** – Mateo 18:21-22
7. **Perdona y Serás Perdonado** – Lucas 6:37
8. **Raíces Amargas** – Hebreos 12:15
9. **El Ejemplo del Maestro** – Lucas 23:34
10. **Vestidos de Misericordia** – Colosenses 3:13
11. **Un Corazón Limpio** – Salmo 51:10
12. **La Libertad del Perdonador** – Juan 8:36
13. **El Poder del Espíritu Santo para Perdonar**
    Romanos 5:5

14. **El Perdón Como Testimonio** – Mateo 5:44

15. **Perdonar No Es Olvidar** – Isaías 43:25

16. **El Perdón Como Decisión** - Deuteronomio 30:19

17. **El Perdón y la Reconciliación** – Romanos 12:18

18. **No Guardes Cuenta del Mal** – 1 Corintios 13:5

19. **La Herida No Es Tu Identidad** – 2 Corintios 5:17

20. **El Legado del Perdón** – Efesios 4:32

Introducción

Este devocional ha sido diseñado para llevarte por un camino de sanidad, libertad y restauración a través del perdón. Durante 20 días, profundizarás en la Palabra de Dios, por medio de textos biblicos que podras buscar en tu biblia, te ayuda a reflexionarár sobre tus heridas y aprenderás a soltar el pasado, con la ayuda del Espiritu santo, sanar es de valientes y tu definitivamente ere uno de ellos , todos hemos sido ofendidos de alguna manera , y de la misma tambien hemos ofendido , dice el libro de santiago 3-2, confirma esta verdad que quien no ha ofendido es varon perfecto capaz de refrenar todo su cuerpo.

El perdón es un camino que decidimos transcitar, una etapa de cambios necesarios para tener una vida liviana, a partir reconocer comienzan los cambios.

Este viaje no solo te ayudara a sanar tu corazón, sino que también te ayudará a convertirte en un canal de perdón y de bendición para otros.

Este material es ideal para uso personal o en grupos pequeños, incluye actividades prácticas, preguntas para evaluar , y sobre todo bases biblicas fundamentales.

Despues de meditar y crecer cada dia, despues de los 20 dias , encontraras material de apoyo para leer mientras te das la oportunidad de sanar y volar asi como el padre desea, que vivas en total libertad. Mateo 6:14-15-Reina-Valera 1960

Porque si perdonáis a los hombres sus ofensas, os perdonará también a vosotros vuestro Padre celestial; mas si no perdonáis a los hombres sus ofensas, tampoco vuestro Padre os perdonará vuestras ofensas.

Día 1: La Puerta del Perdón

Lectura Bíblica:

Proverbios 17:9 Reflexión:

El perdón es una puerta que se abre desde adentro.

No depende del otro, sino de ti...

El que perdona la ofensa cultiva el amor;   el que insiste en la ofensa divide a los amigos. Cuando lees este texto te podrias encontrar en uno de los momentos mas dificiles, porque has sido herido y esa herida se ha convertido en odio, resentimientos de amargura, y nada es mas fuerte y pesado que este malestar, date la oportunidad de sanar de perdonar, por amor a tu propia vida, es el tiempo y es la hora, puedes tomarte unos minutos y reflexionar sobre esto. Si ya lo hiciste creeme que habra valido la pena cada lagrima, porque el Espiritu esta justo alli para recoger tus lagrimas, el sabe cuan profundo te han herido y cuanto te ha costado estar de pie, dar la cara, levantar la mirada hacia arriba, caminar como si todo marchara bien, mientras esa pesada carga no permite que disfrutes los detalles mas hermosos de la vida, por eso hoy primer dia vamos a darnos la oportunidad…

Preguntas para reflexionar de manera personal o en grupo: Pregunta

1. Es mi responsabilidad sanar a otros o dar el perdon?
2. se debe perdonar?

Actividad: puedes hacer una actividad con hojas para escribir y permitir anotar algunas respuestas o dinámica que desees desarrollar.

Actividad personal o si tienes un grupo para ayudar en este día puedes hacerlo. Pero tomate tu tiempo

Oración que te conectara a la fuente de vida jesus.

<u>Oración sugerida para este día.</u>

Señor vengo ante ti con un corazón <u>dispuesto a</u> sanar, con mi mas sincera <u>humillación</u> , <u>pido que me perdones</u> y me ayudes hoy a perdonar las ofensas que me han hecho y también me humillo pidiendo tu perdón. Señor se que me amas y que deseas que perdone a los que me han ofendido hoy decido dar el perdón..

¡Sii! es hora de hacerlo, sacar lo sucio de nosotros nos dara la oportunidad de ver lo nuevo..

Lo nuevo nunca podra ser abrazado si aun mantenemos lo viejo , las cosas que no deberíamos conservar , hay cosas que deben dejarse atrás en el olvido , dejar que los ríos de Dios pasen por dentro de nuestro para ser sanandos completamente.

Frase

Abrir y cerrar una puerta esta en tus manos, jamas des la llave de tu corazon al dolor.

Día 2: Dios Me Perdonó Primero

Lectura Bíblica: Marcos 11:25 Reflexión:

Venid a mí y descansa , porque antes de que pidieras perdón, ya el señor habria preprado salvacion para tu alma, ya fuiste perdonado...pero no se vivir en ese perdón , te muestro algo.

no necesitaste hacer nada para merecer el sacrificio de perdón que jesus hizo por ti , solo necesitas creer, creer te abre los cielos, y los cielos se abren cuando dejamos que jesús se quedé en nosotros.

Porque si perdonan a otros sus ofensas también los perdonara a ustedes su padre celestial. Mateo:6:14

Preguntas para reflexionar o en grupo:

Pregunta : ¿crees que si eres pecador?

Actividad: puedes hacer una dinamica de confesión de dos en dos, frente a frente, o simular esta actividad aunque los participantes no se hallan ofendido.

Actividad personal orar para cerrar este segundo dia

Oración guia:

Oración sugerida para este día.

Padre hoy es el segundo día de mi decisión de leer este manual de ayuda , se que me amas, me fortaleces y me cuidas, entrego hoy el perdón y decido cerrar capitulos en mi vida que aún me hacen daño , toma mis pensamientos, y lléname de tus fuerzas y de tu paz. Amén

Día 3: La Carga de la Ofensa

Lectura Bíblica:

1 Pedro 5:7 Reflexión:

Echando toda vuestra ansiedad sobre él, porque él tiene cuidado de vosotros.

Guardar una ofensa es cargar una mochila invisible... porque aunque no lo vemos podemos dañar a los demas, con gestos palabras, sin darnos cuenta.

Entonces es Una mochila que pesa más que un gran hierro que no podemos seguir cargando, una carga que nadie ve, pero la tenemos dentro, y esto es un mal que nos frena nos limita, nos paraliza, nos cierra las puertas a la felicidad, a la plenitud a la visión de fututo, te limita a disfrutar del presente, ya sé que podras decir, es que ya lo has intentado, no es un asunto de carrera no es velocidad es perseverancia para que los cambios se den en nosotros.

Te lo mereces

Día 4: Sanando Desde Adentro

Lectura Bíblica: Salmo 147:3

"Él sana a los quebrantados de corazón, y venda

sus heridas."

Reflexión:

El perdón no solo es un acto hacia afuera, sino una medicina hacia adentro. Muchas heridas emocionales continúan sangrando porque no hemos permitido que el bálsamo de Dios las toque. Cuando retenemos el perdón, atamos nuestra alma al dolor. Pero cuando soltamos, abrimos la puerta a la sanidad. Dios no solo quiere que perdones, quiere que seas restaurado.

Él no ignora tu herida; la ve, la entiende, y está listo para vendarla con Su amor.

Preguntas para reflexionar o en grupo:

¿Qué heridas del pasado aún afectan tu manera de relacionarte hoy?

¿Has invitado a Dios a entrar en esa herida y traer sanidad?

Actividad:

Toma un tiempo a solas con Dios. Cierra los ojos y pídele que te muestre las heridas del pasado que necesitas sanar.

Escribe lo que ves o sientes. Luego ora pidiéndole a Jesús que entre en ese recuerdo y lo transforme con Su amor.

Los recuerdos puden ser dolorosos pero jamás estarás solo en ese proceso, es tu fe la que hará que pase el milagro, es ese inmenso deseo de caminar libre y restaurar a otros.

¿A queines herimos cuando no sanamos? A los que más nos aman, a nuestros amigos, familia, hermanos, y esta también es una razón y una motivación para permitirte la sanidad.

Si lo deseas, comparte en un grupo tu experiencia de sanidad.

Oración guia:

Señor, hoy me presento ante Ti con mis heridas abiertas. Algunas han estado ahí tanto tiempo que ya son parte de mí. Pero no quiero vivir herido. Sana mi corazón, restaura mi alma, y ayúdame a perdonar desde lo mas profundo. Sé Tú el médico que venda mis heridas. Confío en que Tu amor me hará nuevo. Amén.

La mariposa que dejo su capullo tambien lloro , el dolor de irse desprendiendo de aquel capullo que la cubrio mientras se fortalecían sus músculos, así estas, debajo de la covertura del padre, bajo sus cuidados, y recibiendo fuerzas miestras crecen tus alas, ninguna ave, ninguna mariposa, puede volar lejos sino termina las etapas de la metamorfosis completa, no es seguro que al salir de la crisálida, sera fuerte ni colorida, no podra volar pero si completa el proceso, serás la más hermosa del campo, saltara de árbol en árbol y de flor en flor, adornando cada escenario.

Este es también tu futuro, brillar, volar, disfrutar de tus alas y de tu libertad, que no ha sido en vano el dolor, que no ha sido en vano el sufrimiento. te aseguro que podras valorar tus días y tus horas, una ves conozcas el precio que pago jesús para liberarte de las ataduras de las maldiciones, viviras en adoración agradecido (a) de tanto amor.

La mariposa siempre será un reflejo de proceso, de travesía recuperación y avance, siempre sera un modelo a seguir, que despierta el interés de quien conoce su historia.

Tu historia sera también contada, recordada y admirada, tu cuento no terminará como inicio, tienes alas, puede que estén rotas, pero el sanador sabe reparar alas rotas , es mas sabe darte nuevas alas, ese no es un problema para el amado de tu alma. El es fiel y para siempre sera su misericordia, jamás estarás solo confía en el autor de tu historia.

Día 5: El Amor Cubre la Falta

Lectura Bíblica: Proverbios 10:12

"El odio despierta rencillas, pero el amor cubrirá todas las faltas." Reflexión:

El amor tiene un poder que el mundo no entiende: cubre la falta en <u>lugar de exponerla.</u> Cuando elegimos amar, cancelamos la deuda emocional que quien nos hirió. Eso no significa justificar el daño, sino renunciar a vivir atrapados en él. El perdón es un acto de amor que libera a ambos: al que ofendió y al que fue herido.

Preguntas: ¿has tenido la oportunidad de perdonar en amor? Que has experimentado?

Quisieramos tomar la ofensa y publicarla, quisieramos hacer publico lo que nos hacen, se nos llena el alma de dolor y de un sentimiento amargo de odio que se convierte en la pesadilla más interminable que pueda un ser humano vivir.

Dicen que el odio pone los huesos negros, y he llegado a pensar que es verdad, no los huesos pero si el alma, porque si el amor es tan poderoso para cubrir y apagar el fuego más profundo, también el odio puede llegar a destruir, como una llama que no tiene sociego, he visto la cara del odio como las personas llenas de odio, riegan por todos lados con la mirada las palabras los gestos, ese mal , es como vivir sin esperanza, quien camina con odio camina sin esperanza.

El padre nos enseña a cuidar el corazón porque de él mana la vida, proverbios 4-23, RV1960.

Y la vida es el regalo de Dios más preciado, la perdemos cada dia que mantenemos la ofensa, cada dia que alimentamos este mal , perdemos la vida, y es cierto que muchos quisieran ya no sufrir más, es entendible como los sentimientos nos pueden dominar, pero también hoy él Espiritu santo quiere entrar a tú corazón y llenarte de gozo y de paz, es una paz que no puedes conseguir en ningún lugar, la paz no es ausencia de problemas, la paz va más allá de nuestro presente más allá de lo que vemos, es una inmensa confianza en el padre de las luces.

¿Qué heridas están aún descubiertas en tu corazón?

¿Cómo puedes cubrirlas hoy con el amor de Dios? Puedes hacerlo solo rindele todo.

Actividad:

Haz una lista de las veces que Dios te cubrió con amor cuando fallaste. Luego, decide a quién puedes mostrar ese mismo amor hoy.

Oración guia:

Padre, ayúdame a amar con Tu amor. Enséñame a cubrir la falta, no con indiferencia, sino con compasión. Hazme libre del rencor y llename de tu gracia y compasion.

La compación es un estado del alma, es la manera misericordicosa que podemos actuar, quisiéramos alcanzar misericordia, pero también nos gustaría mostrar la misericordia.

Si es posible ya tu corazón esta hoy sencible a su presencia, sencible a su voz, tu alma grita por usar misericordia, aunque quizas no crean en tu cambio, cree en Dios, cree en lo que el está haciendo contigo, se compasivo (o) con los que quizás una vez fueron duros contigo, mostraras misiricordia y experimentarás el amor del señor cubriendote, llenandote de esperanza, creando buenos y mejores recuerdos, estos que eran antes de dolor de odio, hoy se convierten en actos de amor hacia los demás.

Haz bien a alaguien, haz algo lindo, un detalle, un gesto de amabilidad, ayuda a una persona que quizas no espera que seas humilde para acercarte..

Hazlo no confiando en que seras bien recibido sino convencido de que si no te dan las gracias, o sino te tratan con amor, tu estaras en paz y feliz por poder moverte a misiericordia.

Expeirmentar el servicio te cambia la vida de manera total.

Oseas 6:6 Misiericordia quiero y no sacrificio, conocer a Dios más que sacrificios. Porque el padre conoce todo de nosotros ,sabe que necesitamos tener más acciones de amor que sacrificios que podemos manejar, podriamos comprar cualquier regalo, alguien y pensar que con esto estamos perdonando, si hacemos misericordia con otros, definitivamente seremos más bendecidos, conoceremos realmente a Dios y llenaremos nuestros estanques de aguas frescas, si alguien se nos acerca, sentiran que tenemos amor para ellos, sabrán por medio de nuestro comportamiento, que estamos amando a Dios, amando su palabra, amando todo lo que el nos regala, Su paz su perdon.

Un amplio giro

Todo cambia

De un momento a otro sentimos que algo se fue, que ya podemos ver de manera diferente la vida, de manera rapida, asi como un de repente, es por el Espiritu santo que recibimos,ese de repente y que su infinito amor nos esta llenando, y saciando la sed que sentimos dentro, ya estas en la etapa mas importante sanar y dejar que Dios ponga en ti todo lo que hasta ahora habías anhelado, tener alaegrias nuevas, esperanza , metas , sueños que desearias ver cumplir, y asi será porque nada quedara en ti sin ser completado.

Quien comenzó la buena obra en ti, la perfeccionara hasta el día de cristo. Filepenses 1:6 RV1960

Asi que tu preocupación esta en manos del soberano que puede y quiere cambiar todo para ti.

Pasaremos al otro lado, daremos los pasos necesarios y abrazaremos la paternidad de Dios .

Toma un momento para pensar en cuanto te ha amado Dios que aun estas en pie..

"NO ES CASUALIDAD SINO PROPOSITO"

Nacer no fue tu plan asi que disfruta del camino mas limpio y que te lleva a verdes pastos, es el camino de la verdad de la justicia y del perdón.

Día 6: Setenta Veces Siete

Lectura Bíblica: Mateo 18:21-22

"¿Cuántas veces perdonaré a mi hermano…? Hasta setenta veces siete."

Reflexión:

Pedro pensó que estaba siendo generoso al sugerir siete perdones, pero Jesús lo llevó más allá. El perdón no tiene límite, porque el amor de Dios tampoco lo tiene.

Perdonar no significa que apruebas el pecado, sino que eliges no ser esclavo del dolor.

Preguntas:

¿Hay alguien a quien has perdonado solo "hasta cierto punto"?

¿Qué te impide perdonar completamente?

Actividad:

Piensa en alguien que te ha herido repetidas veces. Escribe una oración específica perdonándolo nuevamente hoy.

Oración:

Señor, quiero perdonar como Tú me perdonas: sin contar, las tantas veces que te he fallado. Quita el resentimiento de mi corazón y ayúdame a ser constante en gracia.

Esa es la parte mas importante ser constante, mantener el perdón, nos mantiene caminando en un crecimiento total, es un aprendizaje continuo..

Me caí pero me levante , porque sabia que si me pude levantar una vez esta no sera la ecepción.

Día 7: Perdona y Serás Perdonado

Lectura Bíblica: Lucas 6:37 "Perdonad, y seréis perdonados."

Reflexión:

> El perdón que damos está profundamente conectado al perdón que recibimos. No porque Dios lo condicione, sino porque un corazón endurecido no puede recibir nada. El que suelta, abre las manos para ser lleno. El perdón es una siembra que siempre da fruto.

Preguntas:

¿Estás dispuesto a perdonar como quieres ser perdonado?

¿Te has cerrado al perdón de Dios por no perdonar a otros?

Actividad:

Toma unos minutos y ora por alguien que te haya ofendido. Pide a Dios que lo bendiga sinceramente.

Esta oracion esta basada en las palabras dicha por el maestro , jesus, amen a los que no les aman, oren por los que los maldicen, lucas 6:28 RV1960.

Simplemente es un acto de amor verdadero orar por quien nos ofende, llena un espacio en nosotros del amor de Dios que desde alli, cada dia nos vamos sientiendo menos heridos, y con una compación que no habiamos experimentado antes, esa es la razon por la que jesús nos invita siempre a presentarnos ante el padre con este tipo de actitud.

Oración:

Padre, quiero perdonar y ser perdonado. Enséñame a soltar con sinceridad, a vivir con un corazón limpio. Libérame del juicio y lléname de misericordia. Amén.

Es difícil perdonar sinceramente sin antes hacer un juicio de marca mayor, ¿Por qué? Porque primero evaluamos si la persona se merece ese respeto esa misericordia, pero al orar esto cambiara. Ahora bien quiero ayudarte aquí.

El juicio que hacemos puede que sea muy real, y con razones no lo hago por capricho, sino por lo que tienes dentro, por una verdad que viviste, esa persona te hirio, como perdonar eso, quizas te abandonaron, se burlaron de ti en la escuela, en el trabajo en la universidad, en la iglesia, y no tienes porque perdonar porque tu fuiste el herido, y lo que llega a tu mente es real, lo sé es real .

Es esta la ocación para mirar qué poder le estas dando a esa situación sobre ti, que aurotidad tan grande que te esta quitando la paz.

No ya no más, ahora vamos a poner eso a un lado y vamos a poner mis argumentos y mis razones a un lado y me dire, si estas personas piensan mal de mi, porque debo cambiar quien soy por lo que ellos consideran de mi, recuerda que lo que eres no es lo que los demás dicen de ti sino lo que ya Dios ha dicho de ti.

Que eres hechura suya que te tiene esculpido (a) en las palmas de sus manos, que más podemos pedir.

Saca los juicios de tu cabeza, levanta tus ojos al cielo y pon tu mirada en jesús quien es el autor y el consumador de tu fe, seras reconocido por tu carácter perdoandor, que a pesar de esos rechazos sigues llegando con una sonriza , sigues despidiendote, sigues siendo quien eres para Dios.

El silencio no ayuda en nada, en muchos casos , nos quedamos callados a punto de querer explotar de rabia y de impotencia pero te muestro este camino, muestra tu luz, se sal, sé lumbrera a los perdidos a los sín camino, sin propósito, sin metas sin sueños, perdona y enfocate en vivir desde ti y Dios , este es el regalo más hermoso que te puedes hacer.

Día 8: Raíces Amargas

Lectura Bíblica: Hebreos 12:15

"Mirad bien… que no brote ninguna raíz de amargura que os perturbe." Esta raices se hacen muy penetrantes, muy fuertes y desagradables, es que nos volvemos dignos de que la gente no nos quiera cerca, porque tenemos un mal humor, una cara de que nada nos gusta, y esto si que podemos sacarlo, con una decision de ser libres, dejar que los ríos de Dios te lleven hacia la libertad verdadera, los ríos amargos con el Espiritu santo se endulzan y se vuelven fuentes de vida.

Reflexión:

> La amargura es una raíz invisible que contamina todo lo que toca. Empieza con una <u>ofensa sin resolver</u> y crece hasta secar el alma. El perdón corta esa raíz antes de que destruya tu paz.

Donde hay perdón, florece la vida, y esto no es algo repetitivo o un clichet, es una verdad.

Preguntas:

¿Qué pensamientos o actitudes indican que hay amargura en tu interior?

Puedes enumeralos

1.

¿Estás dispuesto a permitir que Dios la arranque de raíz?

Puedes hacer una evaluacion de tu vida , como era tu madre o es, tus padres, abuelos, tios, lo que has aprendido y lo que se ha traducido en amargura, hoy podemos hacer una actividad en una hoja en blanco hagamos un dibujo de un arbol, no tiene que ser perfecto, pero te puede ayudar a entender a lo que me refiero con raiz.

Actividad:

Haz un dibujo de un árbol con raíces. Escribe sobre las raíces palabras como "rencor", "odio" o "dolor". Luego rompe el papel en señal de liberación. Romper el papel? Hacer actos simbolicos en muchas ocaciones ayuda , siempre y cuando este acompañado de oracion sumision y entrega.

Oración guia:

Señor, muéstrame si hay amargura en mí.

Arráncala con tu amor y reemplázala con gozo.

Quiero florecer en perdón.

El mismo poder que abrio la tumba cuando jesus resucitó, es el mismo poder que te hace libre .

Día 9: El Ejemplo del Maestro

Lectura Bíblica: Lucas 23:34

"Padre, perdónalos, porque no saben lo que

hacen." Que nivel tan grande, como jesus justifico a estos hombres que lo golpeaban y se burlaban de él, es la justificacion que habla Rom: 5:1 justificados por la fe, tenemos paz para con Dios, por medio de jesus.

Este acto marco mi vida y se que la tuya también.

Reflexión:

En medio del dolor más grande, Jesús pronunció palabras de perdón. No esperó arrepentimiento. No pidió justicia. Solo pidió gracia. Su ejemplo nos deja sin excusa: si Él pudo perdonar en la cruz, nosotros podemos perdonar en la vida.

Preguntas:

¿Qué herida aún clama por justicia en tu corazón?

¿Puedes imitar a Jesús y pedir perdón por quien te hirió?

Actividad:

Escribe una carta de perdón (aunque no la entregues). Imagina que estás orando como Jesús por esa persona.

Te ayudara a canalizar lo que paso en la cruz y mostrar la gracia.

Oración:

Jesús, gracias por tu ejemplo. Ayúdame a perdonar aún cuando duele. Que tu amor me transforme y me haga más como Tú. Amén.

"DAME MAS DE TI ,TOMA MAS DE MI"

Prof, tbjosua.

Día 10: Vestidos de Misericordia

Lectura Bíblica: Colosenses 3:13

"Soportándoos unos a otros, y perdonándoos unos a otros… así como Cristo os perdonó."

Soportar es de valientes, quizas digas porque tengo que soportar? tambien yo me decia esto, pero ahora puedo entender que puedo crecer y madurar, mi carácter se hace mas fuerte, no gruñon sino flexible amable, perdonador y misiericordioso.

La misericordia que recibimos de otros nos hace sentir tan especiales amados y sobre todo comprendidos y valorados, escogidos, pero muchas veces dar ese mismo trato nos confronta a nosotros, recibir es mucho mas facil, pero aplicar esa misericordia cuando he sido herido, es la mayor muestra de un verdadero perdón, recuerda que cuando hemos sido heridos sangramos sobre los que no tienen culpa de lo que nos pasa, esa es la razón por la que el Espiriru santo desea sanarte liberarte y llevarte a otro nivel de paz.

Reflexión final:

El perdón no siempre es merecido, pero sí necesario. Dios nos perdonó sin condiciones, y nos pide que hagamos lo mismo. No se trata de justicia humana, sino de gracia divina.

Vestirnos de misericordia es caminar como Jesús.

Preguntas:

¿Te cuesta perdonar porque crees que el otro no lo merece? Es valido que en este punto seas muy honesta (o) porque de esta respuesta podras aprender de como esta tu corazon en este dia.

¿Qué te recuerda que tú también fuiste perdonado?

Actividad:

Haz una lista de las cualidades de Jesús como perdonador. Escribe cuál de ellas deseas desarrollar más en tu vida.

Te dare una cualidad de jesus-MANZO, puedes enemuerar las que conoces.

Oración guia:

Señor, ayúdame a vestirme de misericordia. A recordar cómo Tú me perdonaste para poder extenderlo a otros. Hazme semejante a Ti.

Amén.

Eres un camino transitado, listo para ayudar a alguien más, mientras más aprendes, creces y te desarrollas, más satisfecho viviras porque lo que perdonamos ya estamos listos para abrir caminos a otros que estan en misma situacion que tu ya superaste.

"PERDONE – ME LIBERE – CRECI"

Día 11: Un Corazón Limpio

Lectura Bíblica: Salmo 51:10

"Crea en mí, oh Dios, un corazón limpio, y renueva un espíritu recto dentro de mí."

Reflexión:

El perdón no solo sana relaciones; purifica el corazón. Cuando perdonamos, Dios limpia el alma y renueva la comunión con Él. La falta de perdón endurece, pero el perdón suaviza y renueva.

Preguntas:

¿Qué hay en tu corazón que necesita limpieza hoy?

¿Cómo te ha afectado espiritualmente el no perdonar?

Actividad:

Haz una oración con tus propias palabras pidiendo a Dios un corazón limpio. Escríbela como si fuera un salmo personal.

Oración:

Padre, examina mi corazón. Límpialo del rencor, del orgullo, del dolor. Hazlo nuevo. Llénalo de Tu Espíritu. Amén.

En estas lineas puedes hacer este espacio personal escibe tu propio salmo.

…..

Día 12: La Libertad del Perdonador

Lectura Bíblica: Juan 8:36

"Así que, si el Hijo os libertare, seréis verdaderamente libres."

Reflexión:

El perdón no es una cárcel, es una llave. El que perdona, rompe sus propias cadenas. Jesús no solo nos perdona, nos libera. Y cuando perdonamos como Él, nos hacemos libres como Él.

Preguntas:

¿Qué cadenas emocionales has llevado por falta de perdón?

¿Sientes que tu alma necesita ser libre?

En este dia 12 ya hemos hecho una nalisis , has recibido muchas verdades a tu alma, ahora hagamos esta actividad.

Actividad:

En una hoja,escribe dentro los nombres, hechos o emociones que te atan que te deprimen , te entristesen.. puedes hacerlo.

Luego rómpela como símbolo de tu libertad en Cristo, todo acto de fe tambien es un acto de valentia. Y tu eres valiente
Oración guia:

Jesús, Tú me hiciste libre. Hoy elijo esa libertad. Renuncio a la prisión del rencor y camino hacia la plenitud. Amén.

Un acto de fe para muchos es considerado un acto de locura o mistisimo, sin ambargo no es asi, la mujer del flujo de sangre de lucas 8: 43 rv1960, se acerco a jesus con todas sus penas y sin ningún recurso porque lo habia perdido todo , el solo toque del fleco del manto de yeshwa fue sanada. Hoy haz lo mismo en fe decide sanar con la ayuda del Espiritu santo.

Despues de 12 dias de relfexion se que haz sentido la diferencia , terminemos estos veinte dias para una completa sanidad.

Día 13: El Poder del Espíritu Santo para Perdonar

Lectura Bíblica: Romanos 5:5 "…el amor de Dios ha sido derramado en nuestros corazones por el Espíritu Santo."

Reflexión:

El perdón verdadero es imposible sin ayuda divina. Pero el Espíritu Santo habita en ti, y su amor te capacita para lo imposible. Aun cuando tu carne grita "no puedo" Su poder dice "sí puedes".

Preguntas:

¿Has intentado perdonar en tus propias fuerzas?

¿Le has pedido al Espíritu Santo que te ayude?

Actividad:

Dedica un tiempo de adoración. Pídele al Espíritu que llene tu corazón con amor sobrenatural para perdonar.

Oración:

Espíritu Santo, ven y llena mi vida. Derrama tu amor en mí para que pueda perdonar como Cristo. Sé mi fuerza donde no tengo fuerzas.

Amén.

La ayuda del Espiritu santo a traves de la oracion , y la renuncia la aceptacion te llevan al camino correcto , estas en esta etapa, entonces es la oportunidad para dejar ir, retomar tu vida con pensamientos distintos y sostenidos por el mensaje de esperanza.

¿ sera que podre perdonar algo tan grande?

Se que no es tan facil para nosotros los humanos.

Pero el poder ilimitado de Dios creara en ti ese espacio hoy para cerrar ciclos y permitirte abrir uno nuevo, empezar de nuevo con la intencion de vivir solo para Dios y lograr la paz contigo mismo(a) y con los demas.

Porque yo Jehová soy tu Dios, quien te sostiene de tu mano derecha, y te dice: No temas, yo te ayudo.

Isaias 41:13

"SU MANO DERECHA TE SOSTENDRA"

Día 14: El Perdón Como Testimonio

Esta parte me encanta es una de las verdades más hermosas y gratificates , es amar desde la accion… dar testimonio de esa transformación es definitivamente gratificante.

Lectura Bíblica: Mateo 5:44

"Amad a vuestros enemigos… y orad por los que os ultrajan."

Reflexión:

Nada refleja más a Cristo que perdonar a quien te hirió. El perdón impacta más que mil palabras. A veces, el mayor evangelismo es soltar lo que el mundo retendría.

Perdonar es mostrar que Cristo vive en ti.

Preguntas:

¿Hay alguien que necesita ver a Jesús a través de tu perdón?

¿Qué diferencia ha hecho en ti el perdonar?

Actividad:

Escribe un testimonio breve de alguna vez que perdonaste y cómo Dios usó eso para glorificarse.

Oración guia:

Dios, haz de mi perdón un mensaje vivo. Que otros te vean reflejado en mi por la obra que has hecho.

Usa mi historia para traer salvación, ayudame cada dia a reflejar la humildad.

"ORAR POR ALGUIEN QUE TE HA HERIDO ES UN ACTO DE AMOR"

Día 15: Perdonar No Es Olvidar

Muchos dicen es que no puedo olvidar, y es entendible porque tenemos una mente y un archivo poderoso que se encarga de almacenar nuestras buenas y malas experiencias, sin embargo esto es muy alentador mira lo que dice la biblia acerca de esto.

Lectura Bíblica: Isaías 43:25

"Yo, yo soy el que borro tus rebeliones por amor de mí mismo, y no me acordaré de tus pecados."

Reflexión:

Dios no sufre de amnesia, pero elige no recordar tus pecados. El perdón no borra la memoria, transforma la herida. No se trata de olvidar lo que pasó, sino de sanar lo que quedó. Cuando Dios te da Su perdón, también te enseña a recordar sin dolor.

Tus heridas pronto seran cicatrises, que podras mostrar con valentia y desde las cicatrices podemos hablar con mas seguridad.

Preguntas:

¿Hay recuerdos que aún te duelen?

¿Has confundido perdonar con olvidar? Es muy comun escuchar esto , perdoné pero no olvidé, el recuerdo suele ser una tortura en muchos casos , y por esto es que el padre te ayuda en esas areas del alma, sacandote del dolor.

Actividad:

Haz una línea de tiempo de tu vida emocional. Marca momentos de heridas y escribe cómo Dios ha empezado a sanarlos.

Oración guia:

Padre, enséñame a recordar sin sufrir. Dame Tu perspectiva sobre mi pasado. Que cada recuerdo sea un testimonio de Tu poder. Amén.

Toma tu lecho y anda, san juan 5:8 rv1960

Estas fueron las palabras de jesus. Cuando sano a un paralitico, de esa misma manera sanaras, y consideremos la falta de perdon como una paralisis..porque no hay nada que detenga mas el avance que la falta de perdon.

- ❖ Te limita a entrar a lugares
- ❖ Te llena de ansiedad

Se puede desarrollar el deseo de venganza y esto, se puede convertir en una verdadera paralisis espiritual.

Son muchos los ejemplos de limitaciones, quizas leas esta palabra varias veces en todo este libro, la razon es que puedas identificar esas areas y sanar.

Recuerdo una pareja de esposos uno de ellos, la mujer , siempre perdonaba las infidelidades de su esposo, y tambien le toleraba maltrato físico, necesidades economicas entre otros disgustos , pero ella consideraba que era sano quedarse porque era una muestra de verdadero perdón.

Ciertamente Dios puede restaurar pero no desde la posisición de ignorar los daños y el peligro, pues el día que las cosas ya no se podian sostener más, la mujer abandona la casa, tratando de perdonar y sanar desde otra posisición, ¿esto es sano? Sí, sino hay un verdadero arrepentimiento en la persona que esta faltando, porque? Porque como persona debes de tener un limite que te proteja, en este sentido esta persona decidio sanar desde la posición de valoracion, no que este acto es anti biblico , o que te invita al divorcion NO, este es un proceso de dignidad, debe ser acompañado del Espiritu santo y amigos en la fe si es posible , gente de testimonio y de respeto que te den soporte en esos momentos, sobre todo ir dejando atrás la dependencia que se pudo generar mientras pasabas por el decierto.

Desde los ojos de afuera esta decisión no es la correcta, las personas que no estan dentro que no conocen los secretos que esta mujer oculto tratando de perdonar y de mantener la relacion, no deberian emitir un juicio sino orar y aportar con algun tipo de ayuda o consejeria cristocentrica.

Pero desde la posicion de destruir su identidad, esta mujer y muchas mas deberian plantearse el cambio con la ayuda del señor.

Las personas de lejos dicen porque paso esto , la realidad es que los de fueran no conocen las goteras que caen en casa..

SOLO LOS DE DENTRO DE LA CASA SABEN DONDE CAEN LAS GOTERAS…

¿Debemos ignorar las goteras? No porque si lo hacemos , no debemos decir que no pasaba nada, sí pasaba pero decidí ignorar, IGANORAR EL PROBLEMA NO LO HACE INVISIBLE, lo incrementa, podremos decir lo intente, cuantas veces has tratado de tapar esa gotera.

proverbios 27: 15-16 , habla de la persona rencillosa que causa problemas siempre y no escucha consejo , es distinta en varias versiones , en una de ellas habla de la mujer rencillosa , pero es un asunto mas bien de seres humanos , que debemos buscar el equilibrio y no tapar lo que esta dañando la relacion, subir al techo y cerrar esta gotera que destruye es parte de tú responsabilidad.

Los hijos, se ven afectados, pero sobre todo tu salud mental .. en verdad cuando se trata de matrimonio debes saber que el matrimonio es de dos, no de uno solo, si la gotera esta golpeando nuestra cominicación, entonces juntos vamos a cerrar esa brecha.

Si cierras brechas, los terceros que se cuelan en los matrimonios deben de ser puestos a un lado, asumir ambos la situción y gestionar el perdón desde la base del amor.

1 corintios 13 RV 1960 , dice que el amor , todo lo puede, todo lo espera, todo lo soporta .. esta parte <u>todo lo soporta</u> no se refiere a que debe quedarse en medio de los maltratos, sino debe de entender profundamente lo que esta pasando con tu pareja y contigo, debes orar por el o por ella, presentando a Dios todas las cosas y confiar en que el señor dara las fuerzas para juntos salir de la situcion.. soportar es ser un puente de cambio una señal de vida, tratar de mostrar la compación siempre y dejar que el señor obre, sabiendo que la relación es de dos, los resultados de la oración y la compación también es responsabilidad individual, si alguien queire sanar, perdonara y , pedira perdón, comiencen de nuevo, entonces la gotera cera cerrada por ambos..y ambos disfrutaran la armonia que han construido.

Recuerda que la familia esta en construción siempre, cuando hay hijos como cuando no los hay, cuando hay nietos como cuando no, cuando te has casado como cuando no, porque eres parte de un hogar , de una familia , y lo que Dios esta haciendo contigo sera salida para los tuyos.

Sé de los que construeyen de los que suben al techo y suben la escalera, ariesgan su vida por el bien de la familia, y llevan la brea sufuciente para cerrar esas grietas que exponen los mios.

Para los que no son casados, es un tema un tanto diferente pero no es ajeno, sé parte de los que suben al techo también, por tus hermanos, padres, amigos, se mediador de buenas costumbres, se un buen instrumento de paz, porque asi lo quiere Dios que seamos pacificadores, que nos volvamos puentes seguros para otros.

Los puentes segurtos, son los que construimos con buena madera, pero sobre todo sobre la roca fomentamos el respeto, leantad, cuidados, buenas costumbres, disciplina, detalles que cambiarán el camino de otros que vienen tras de ti.

Ser muy carnal no nos permite ser buenos puentes, un buen puente nonecta con las cosas buenas y eternas, vive con la mirada en jesús y no en los fallos de los demás, un buen puente es capaz de traer reconcilición donde hay separación, odio pleitos, con sabiduaria con palabras de perdón, de alianza de compromiso.

Esto es para valientes, sii y ese eres, definitivamente , valiente no es el que habla de sanidad sin haberla vivido, valiente es quien deja que las heridas sean sanadas por medio de la palabra de Dios, muchas veces con palabras de confrontamiento , pero tambien de cura, de consuelo, de comprención, y estas son tres palabras que podemos cultivar.

2. Confrontamiento
3. Consuelo
4. Comprención

Definir estas tres palabras en nuestras vidas es tomar el lecho y andar, ponernos de pie y asumir que el perdón me libera, me transforma me encamina hacia lo divino, lo eterno lo extraornidario.

1. Confrontamiento es: ponerte frente a frente a ti mismo.
2. Consuelo: descanso alivio , ayuda en momentos de necesidad.

3- Comprension: empujar , disernir.

"TOMA TU LECHO Y ANDA"

Día 16: El Perdón Como Decisión

Si piensas que el perdon se debe sentir primero quiero decirte que es mas que un sentir es decidir por amor..

Es un acto de amor propio yo decido hacerlo por conevencimiento del Espiirutu santo de Dios..

Lectura Bíblica: Deuteronomio 30:19 "He puesto delante de ti la vida y la muerte… escoge, pues, la vida."

Reflexión:

El perdón no es un sentimiento, es una decisión. Esperar a "sentirlo" es retrasar tu libertad. Cuando eliges perdonar, el alma empieza a sanar. Y aunque el proceso lleve tiempo, todo comienza con un sí.

Preguntas:

¿Has estado esperando sentir algo para perdonar?

¿Qué decisiones debes tomar hoy para caminar hacia la sanidad?

Actividad:

Escribe una declaración de perdón como un compromiso personal. Léela en voz alta como símbolo de tu decisión.

Oración:

Hoy decido perdonar. Aunque no entienda todo, aunque aún duela, elijo la vida, la paz, y Tu voluntad. Amén.

Cuando oramos en voz alta dejamos claro en nuestros oidos que hemos decidido hacerlo, y que sabemos que llego la hora de volar, reir, soltar el resentimiento y empezar a ver la vida con color.

El pueblo de israel recibió estas palabras para que puedieran entender que ellos sabian que podian darse cuenta y tomar la mejor decisión.

La mejor decisión por medio de ser conscientes de la verdad, que la vida esta en él y que la muerte tambien era una eleciòn, y decidio morir por amor a la humanidad.

Que elegirias hoy, la muerte o la vida, la vida es el camino del perdón, la muerte es el camino del odio.

Decidir por la vida es amar el proposito de Dios, es amar la volutad del rey, y vivir desde la abunadancia.

HERRAR ES DE HUMANOS , PERDONAR ES ALGO DIVINO

Sin duda que lo es, que aquí te dejo una linda historia, josé y sus hermanos , Genesis 37, sus hermanos lo vendieron porque tenian celos de el, lo lanzaron a una cisterna, le quitaron el regalo de su padre jacob (la tunica de colores) y le mintieron a su padre, dicendo que una fiera habia devorado, causando un dolor sin consuelo en su padre, jose fue llevado a egipto, alli le servia como esclavo a potifar, un hombre con muchos vienes y poder, Dios puso gracia en jose que se convirtio en el mayordomo de toda la casa de potifar, llego a ser el hombre de confianza , llego a la carcel , por una mentira de la esposa de potifar, pero el señor estaba con el, luego es puesto de nuevo como gobernandor y llega la hambruna por la cual Dios permitio llegara a egipto , el hambre llego a la ciudad donde vivia su padre , jacob envio a sus otros hijos a buscar alimentos porque se rumoro que alli habia alimentos, alli fueron los hermanos de josé los que lo vendieron, y no reconocieron pero josé si los reconoció a ellos, lloro, y les tuvo compación.

No hay nada mas lindo que encontrarte en la posicion de poder vengarte y en vez de hacer eso decides perdonar .

Que grande fue josé, que humildad caracterizaba a este joven canal que Dios levanto en esa epoca..

Hoy Dios esta levantandote a ti, ese corazón humilde y perdonador capaz de dar alimantos a los que te quisieron hacer mal.

Génesis 50:19-21 Reina-Valera 1960

Y les respondió José: No temáis; ¿acaso estoy yo en lugar de Dios? Vosotros pensasteis mal contra mí, más Dios lo encaminó a bien, para hacer lo que vemos hoy, para mantener en vida a mucho pueblo. Ahora, pues, no tengáis miedo; yo os sustentaré a vosotros y a vuestros hijos. Así los consoló, y les habló al corazón.

El que fue vendido ahora es sustentador de sus hermanos y de su familia, los consolo y le dio confianza, para que no sintieran ese temor de venganza, de saber que una persona a la que le hicieron daño hoy esta frente a ellos, listo para perdonar.

Solo el perdón que viene del temor de Dios, de lo divino, del saber que hemos sido tambien perdonados y justificados.

Que alguien que merece el rechazo recibe benevolencia esto es maravilloso para los que conocemos esta historia. Muy valiente fue josé.

Sabemos que asi Dios pondra en nosotros cada dia esa compación por los demas.

Día 17: El Perdón y la Reconciliación

Reconciliarnos es la sigiente parte, esto no se puede hacer esperando, que nos respondan como queremos, lo que Dios ha hecho en ti hazlo con otros. Quizas te encuentres con la decepción de que hallas pedido perdon pero la persona no quizo aceptar tu arepentimiento, si fuiste quien daño, si es la otra perssona que de corazón sincero te pide perdón dale el perdon, y si no te reciben el perdon, de igual manera quedate en paz , pues has hecho lo que el padre desea , lee esto .

Lectura Bíblica: Romanos 12:18 RV1960

"Si es posible, en cuanto dependa de vosotros, estad en paz con todos los hombres."

Reflexión:

Perdonar no siempre implica reconciliar. Pero a veces, Dios restaura relaciones rotas.

La paz no depende del otro, sino de ti.

Tu parte es soltar el odio; Dios se encarga del resto. La reconciliación es el fruto de corazones transformados, dispuestos a viajar liviano.

Preguntas:

¿Confundes perdón con volver a como era antes?

¿Qué relaciones necesitan paz, aunque no cercanía?

Es muy cierto que en muchos de los casos se pierde la confianza y es casi imposible volver a tener la misma amistad, pero que esto no te frene, hay relaciones que se restauran hay otras que se sanan pero no vuelven por el mismo camino, lo importante es que no guardes rencor en tu corazón ni hagas daño con tus palabras.. que sean tus palabras simpre de reconciliación de paz de armonia, y si no están en el mismo camino se feliz porque estas haciendo la voluntad de Dios.

Actividad:

Ora por sabiduría. Pide a Dios que te muestre con quién puedes reconciliarte y con quién debes perdonar pero mantener la distancia o sí solo necesitas soltar. Esto es muy importante, porque si alguien te hirio y no le interesa cambiar, no debes permitir que te dañen, entonces date esa oportunindad, dejando el camino libre , quizas no con la misma confianza pero de tu parte sin rencor.

Imagina que alguien te ha robado algo valioso, y te sientes violentado pero decides ver con ojos de misericordia a esa persona, le perdonas, pero esa persona desea seguir de la misma manera, tu no volveras a abrirle la puerta de tu casa con confianza, porque no se trata de tu perdón el cambio, aunque en algunos casos hace la diferencia en la otra persona, muchas veces no.

Porque es un trabajo de aceptar que hemos fallado..y los demas de igual manera, es un asunto de doble via.

Haz Oración:

Señor, dame discernimiento para perdonar con madurez. Guíame a la reconciliación si es Tu voluntad.

Que haya paz, aunque no cercanía.

Amén.

"Quizas perdonar no te acerca a quien perdonas pero si te acerca a Dios"

Día 18: No Guardes Cuenta del Mal

Ya decidiste cerrar y perdonar la ofensa pero te cuesta , no hacer comentarios, y traer a cuentas de nuevo el mal, es cierto que es un trabajo, pero para el Dios a quein hoy le haz rendido todo es capaz de borrar, eliminar ese deseo de venganza, que se puede incrementar si nos rendimos a Dios estos sentimientos, ora por misiericordia o simplemente haz un acto de obediencia que significa dejarselo al padre..

Lectura Bíblica: 1 Corintios 13:5 "El amor…
no guarda rencor."

Reflexión:

El amor verdadero no hace listas de errores. Dios no te lleva la cuenta, y espera que tú hagas lo mismo. El rencor es un archivo que contamina el alma.

Hoy es tiempo de borrar ese historial y amar sin condiciones.

Preguntas:

¿Tienes una "lista" oculta de ofensas?

¿Estás dispuesto a soltarla hoy? Si es asi te invito

a escrinirlo y sellarlo .

Actividad:

En una hoja, enumera las cosas que aún guardas contra alguien. Luego, destrúyela como símbolo de limpieza del corazón.

Oración guía:

Padre, borro la cuenta como Tú la borraste conmigo. No quiero llevar registros de dolor.

Hazme libre de todo rencor. Amén.

Colosenses 2:14-17- anulando jesús el acta de los decretos que nos era contraria, de la misma manera anula en tu vida esa lista interminable de rencor, desprecio, deseo de venganza y dolor.

"NO DES LUGAR AL DESEO DE VENGANZA PORQUE ALLI NO OBRA DIOS"

Dia 19: La Herida no es tu identidad

Se que quizas hasta ahora te reconocían por tu dolor, tu abandono y tu forma de hablar DESPECTIVA Y quizas agresiva, o simplemente no hablabas, porque andabas hiriendo como te hirieron, pero esto ya no pasara más, no es tu identidad ser una persona con baja estima, con palabras duras, con conmisieración sino que eres una nueva persona, mira lo que dice la palabra de Dios.

Lectura Bíblica: 2 Corintios 5:17 RV1960

"De modo que si alguno está en Cristo, nueva criatura es…" las cosas viejas pasaron he aquí ahora todas son hechas nuevas . Nuevas porque el te hace nuevo por dentro ..

Reflexión:

Tú no eres lo que te hicieron. Eres lo que Dios dice que eres. El perdón te ayuda a desprenderte de la identidad de víctima y abrazar tu nueva vida en Cristo. Tu historia no termina en la herida, sino en la redención. Termina en la seguridad de que eres hijo (a) y naciste con proposito.

Preguntas:

¿Te has definido por lo que te hicieron?

¿Cómo te ve Dios?

Actividad:

Haz un cartel con palabras que describan tu nueva identidad en Cristo: amado, libre, perdonado, restaurado , sanado , transformado, liviana(o), listo para volar, listo para abrazar, para brindar alegria, listo para conocerte según lo que el padre dice, agregale a esto todo lo que viene a tu mente.

¡vamos sera genial ¡ quien eres ahora en Dios, nuevos pensamientos, nueva vida.

Oración guía:

Gracias, Señor, porque no soy mi pasado. Soy nueva criatura en Ti. Hoy dejo atrás el dolor y abrazo mi verdadera identidad. Abrazo tu paternidad, ahora caminaré liviano con tu ayuda Espiritu santo . Amén.

He aquí que si alguno esta en cristo nueva criatura es las cosas viejas han pasado he aquí todas son hechas nuevas.

2 corintios 5:17 RV 1960

Lo nuevo no significa que no tendremos que enfrentar consecuencias de nuestras acciones antes de entregarnos a jesús, pero ya tu no eres el mismo(a) por lo tanto lo enfrentaras de una manera fortalecida y mas consciente. Es hora de tomar toda culpa y toda acusacion y dejarla.

Recuerda que la vida es como la estacion de un tren, unos llegan otros se van, esto es inevitable, cada uno se desmonta donde esta trazado su destino, la idea es no quedarnos en la misma estación debes seguir viajando por este camino hermoso.

Todos pagamos nuestros propios pasajes y elegimos el lugar donde nos dirigimos, no dejes que el rencor te lleve a un lugar de incertidumbre, toma el mejor de los lugares, la confianza en Dios y sus planes para tu vida, y la paz.

Salmos 34:14-15
Reina-Valera 1960
Apártate del mal, y haz el bien;
Busca la paz, y síguela.

Día 20: El Legado del Perdón

Dejarle a los nuestros un legado como el aprender a perdonar, <u>es dejarle una llave para su libertad</u>, y una fuente de aprendizaje y de expeiencias que enriqueceran la vida de los que nos presenden, los que nos siguen , nuestros hjos , amigos , hermanos y todos los que nos conocen.

Lectura Bíblica: Efesios 4:32

"Sed benignos unos con otros… perdonándoos unos a otros, como Dios también os perdonó."

Reflexión:

El perdón no solo te transforma a ti, transforma generaciones. Perdonar no es debilidad, es dejar un legado de gracia. Tus hijos, tu familia, tu iglesia… todos verán a Cristo reflejado cuando tú eliges perdonar.

Preguntas:

¿Qué testimonio estás dejando con tus decisiones?

¿Quién necesita aprender de ti a perdonar?

Actividad:

Escribe una carta de legado espiritual, como si dejaras un mensaje a tus hijos espirituales a esas personas que te han visto creecer en la fe , escribe sobre el poder que has experiemnta en tu vida del poder del perdón.

"PASAR LA ANTORCHA DEL PERDON ES TAMBIEN NUESTRA RESPONSABILIDAD"

Se vale llorar, escribir todo lo que quieras, hacer reuniones etc para dejar plantada una semilla de valor profundo, del legado mas costoso y valioso, de aquel perdon, que te habia mantenido lejos de la vida plena , y posiblemente lejos de tus seres queridos de sonrizas sinceras y abrazos llenos de compasion y de amor.

Desde ahora estas listo para vivir en plenitud.

Oración guia:

Señor, quiero dejar un legado de amor y gracia. Que mi vida inspire a otros a perdonar como Tú me has perdonado .

Úsame para sanar mi generación.

Amén .

El camino del perdón es un camino de crecimiento, de valentia de fé de amor, de compación de misericordia donde aprendemos a aplicar la misiericordia de Dios y aunque puede llegar a ser un proceso y desafios, preferiero perdonar porque es la manera en la que también fui perdonado. Mantente liviano y lleno del Espiritu santo, libres de pensamientos de amargura y de dolor , eres mas que vencedor se que puedes….

Quiero apoyarte con una oracion poderosa

> Padre amado con todo mi ser te rindo mi alma mis sentimientos, traigo delante de ti todas mis decisiones, mis amistades, mi familia, quiero aplicar la misericordia, misericordia que muchas veces se nos hace mas facil recibirla que darla, quiero darla. Cuando los demas tienen algo de lo que se arepienten y nos piden perdón lo vemos facil, pero cuando nos toca a nosotros se nos hace mucho mas idifcil, por eso te pido que me ayudes siempre.

En mis flaquezas, hoy decido renunciar a esos, sentimientos y falta de perdón, y decido empezar un viaje liviano, con una mochila cargada de dias, pero ahora guiado (a) por el Espiritu santo de Dios, el siempre seras mi mejor aliado en el camino, en el nombre de jesus.

Confia en el señor si has hecho esta oracion conmigo y busca siempre la guianza del Espiritu en todos mis caminos.

Amén.

Mateo 6:14-15:Reina-Valera 1960

Porque si perdonáis a los hombres sus ofensas, os perdonará también a vosotros vuestro Padre

celestial; mas si no perdonáis a los hombres sus ofensas, tampoco vuestro Padre os perdonará vuestras ofensas.

A jesus lo negaron

Pedro niega a jesus (mateo 26 -62

Entonces Pedro se acordó de las palabras de Jesús, que le había

dicho: Antes que cante el gallo, <u>me negarás tres veces.</u> Y saliendo fuera, lloróamargamente.

Imaginate lo que vivio jesus, siendo amigo de uno de sus discípulos que el mismo escogió, pedro el pescador, quien le habia expresado su amor diciendo incluso que moriria por él si fuera necesario, pero jesús, sabiendo todas las cosas le dijo, pedro escuchame, ¡me negaras! jamas pedro pensaria que podría hacer algo asi, pero lo hizo.

Es dificil pensar que pedro negaría a jesús 3 veces, pero llegó el momento en que jesús fue apresado y pedro al verse expuesto y relacionado con él, lo nego, la gente y la guardia romana sabia quien era pedro, pero aún asi lo nego, ante muchas personas nego haberlo conocido..

Imagínate que podría sentir jesús al saber que pedro diría que no lo conocia, debió ser muy duro, obviamente siendo Dios mismo, podria manejar la situacion, puesto todo estaba escrito Pero imaginemosnos a nosotros, en esa situación, el solo hecho de saber que alguien habla mal de nosotros, o que alguien nos niega, nos difama, nos engaña, en el momento más didifil quizas te abandonan, esto hiere el alma, a pesar de todo jesús lo restauró.

Jesús sabe restaurarte, el esta limpiando tu alma, el venda tus heridas.. Salmos 147 :3 rv1960

Después de que pedro negara a jesús, se arepintiera y llorara amargamente, lo levanta como uno de sus apostololes más usados, uno, que solo pasar su sombra sanaba a los enfermos.

<u>Sanar</u> y <u>restaurar</u> y <u>restablecer</u> es <u>al plan de Dios para ti</u> ¿ Harias tu lo mismo? el ejemplo de jesús esta aquí, ¿entonces es posible perdonar y volver a confiar?

En muchas ocaciones sí, en el caso de pedro jesús sabia que pedro haria esto, y no lo detuvo, porque es imposible impedir que otros nos nieguen, el reto mayor no esta en perdonar, sinoen volver a confiar, después de un proceso así es una cuestión de madurez y propósito el hecho de continuar.

Jesús sabía quien era pedro, y en quien se convertiria.

Sabes tú ¿Que proposito tiene Dios con esa amistad, con esa relacion etc ?

Si conoces el prosposito entonces sabras manejar muchos escenarios difíciles.

Donde notaras un verdadero arepentimiento, cuando ya no usamos las mismas acusaciones ni juicios, el llorar amargamente de pedro fue un acto de dolor y de verdadero arrepentimiento por lo que habia hecho, porque no es lo mismo arepentimiento que tener remordimiento, pedro se arepintió, y creeeme esa es la clabe para que el señor te levante.

cuando apredemos esta diferencia entendemos propósito, mira la diferencia entre judas y pedro.

" judas tenia remordimiento por haber entregado al maestro, y murió de una manera trágica.

(mateo 27) RV 1960 pero pedro , se arepintio y lloro desde lo mas profundo de su ser por haber negado al maestro"

El Espiriru santo hoy te invita a cerrar estos capitulos en tu vida, olvidar lo que esta detrás y extenderte hacia delante, con las fuerzas y la sabiduria del señor.

No estas solo (a) esta es una etapa en tu vida que marcara la <u>diferencia en tus generaciones</u>, perdonar a los que nos ofenden es un acto de amor a Dios, es parte de la oracion modelo.

Del padre nuestro en mateo: 6-9)

Pedir perdón es un acto visible de un corazón deseoso de ser aceptado por el padre, porque nadie que quiera agradar a Dios podra mantener la ofensa, y disfrutar de su plenitud, de su paz de su gozo, de sus frutos, es imposible porque la ofensa no es fruto del Espiritu santo sino de la carne.

Galatax 5: 22 RV 1960

Mas el fruto del Espiritu es amor , gozo , paz , paciencia , benignidad, bondad, fe, mansedumbre, templanza, contra tales cosas no hay ley.

Preparate para ver los mejores dias de tu vida, preparate para abrazar tu libertad, viajar sin esas cargas tan pesadas.

Quiero saber como te fue, como cambio tu vida, después de tomar unos minutos por unos 20 días y más, para meditar en tu sanidad intrerior, en tu avance como persona de fé.

Abraza la paternidad de Dios y cuando te sientas solo(a) y el sentimiento de orfandad se quiera apoderar de ti mantente firme, orando en todo tiempo, adorando y agradeciendo la oportunidad tan linda que te ha brindado el padre para este tiempo.

ALGUNOS TEXTOS BIBLICOS QUE TE PODRIAN AYUDAR

Juan 8-36 Así que, si el Hijo os libertare, seréis verdaderamente libres.

-De modo que se toleren unos a otros y se perdonen si alguno tiene queja contra otro. Así como el Señor los perdonó, perdonen también ustedes. Colosenses:3-13 RV 1960

-Tu señor, eres bueno y personador : grande es tu amor por todos los que te invocan. Salmos 86:5 RV 1960

-El Señor su Dios es compasivo y misericordioso. Si ustedes se vuelven a él, jamás los abandonará. 2 cronicas 30-9 RV 1960

y cada verso de la bilia nos muestra el camino del perdon y este camino es jesus el mismo dijo estas palabras.

Juan 14:6 reina valera 1960

Jesus le dijo : yo soy el camino, y la verdad , y la vida , nadie viene al apdre sino por mi.

1 Corintios 13-Nueva Traducción Viviente

La mayor es el amor

13- Si pudiera hablar todos los idiomas del mundo y de los ángeles pero no amara a los demás, yo solo sería un metal ruidoso o un címbalo que resuena. - 2 Si tuviera el don de profecía y entendiera todos los planes secretos de Dios y contara con todo el conocimiento, y si tuviera una fe que me hiciera capaz de mover montañas, pero no amara a otros, yo no sería nada. 3 Si diera todo lo que tengo a los pobres y hasta sacrificara mi cuerpo, podría jactarme de eso; pero si no amara a los demás, no habría logrado nada.

> 4- El amor es paciente y bondadoso. El amor no es celoso ni fanfarrón ni orgulloso -5 ni ofensivo. No exige que las cosas se hagan a su manera. No se irrita ni lleva un registro de las ofensas recibidas. -6 No se alegra de la injusticia sino que se alegra cuando la verdad triunfa.- 7 El amor nunca se da por vencido, jamás pierde la fe, siempre tiene esperanzas y se mantiene firme en toda circunstancia.

La profecía, el hablar en idiomas desconocidos, y el conocimiento especial se volverán inútiles. ¡Pero el amor durará para siempre! 9 Ahora nuestro conocimiento es parcial e incompleto, ¡y aun el don de profecía revela solo una parte de todo el panorama! 10 Sin embargo, cuando llegue el tiempo de la perfección, esas cosas parciales se volverán inútiles.

1 corintios 13-8 -10

podemos tener muchos dones idiomas diplomas, conocimiento, pero sino podemos perdonar seremos sonidos que solo parecieran tener contenido, sin emabargo Dios quiere que tengas dentro el mejor de los dones, y es el amor, es Dios mismo, nos deja ver un camino diferente.. creeme que podras lograrlo porque

Nunca es tarde para **pedirperdón**.

Nunca es tarde para comenzar otra vez.

Nunca es tarde para decir me equivoqué.

Porque todos quisieramos que las cosas sean diferentes, no tener que pasar por situaciones como tener que enfrentar las consecuencias de las heridas, es un asunto fuerte, más cuando tenemos que perdonar a personas cercanas , suele ser mas facil brollevar situaciones con los que no estan tan cerca de nosostros, pero cuando es con un hermano, esposo, esposa, en el noviazgo, padres, hermano de la iglesia, compañeros de trabajo, es ahí donde el trabajo del perdón sera un poco más fuerte, viviras nuevas experiencias que cambiaran tu vida.

Reconocer que nos equivocamos no solamente debe ser cuando ya notamos el rechazo de la persona a la que agredimos ofendimos, sino que deberiamos darnos cuenta a tiempo y hacer lo posible por ser mejor persona. No son tan valiosas las disculpas cuando son muy repetitivas..si te acercas:

Te pueden pasar dos cosas

- ❖ Ser aceptado-
- ❖ O ser rechazo

La primera parte es la que todos esperamos, pero puede pasar que la persona no esta lista para esto, te aconsejo que no te desesperes ni cambies la version, ni la buena actitud, te recomiendo que puedas decir estas palabras.

45

Comprendo que no estes listo (a) para perdonarme se que es dificil, ire cambiando con mis buenas acciones y la imagen que tengo ante ti.

Dale su espacio, no debes imponer que te perdonen, porque estas arepentido (a), no te justifiques, porque empeoraras las cosas, hay momentos para dejar que la persona a quien le fallaste se exprese, obiviamnte trata siempre de mantener el respecto, en este proceso.

Es muy importnate el respeto, porque cuando el respeto y la confianza fue violentada debe haber un cambio de 360 grados para poder ir viendo resultados, en el otro, esto hara que poco a poco se muestre que realmente estas arrepentido.

¿Porque muchas personas no piden perdón?

Básicamente por el qué diran, por el orgullo, porque es como decir a la otra persona ERES MAS IMPORTANTE QUE YO eso es negativo, quien pide perdón y sabe perdonar es alguien de alto nivel y de amor propio.

Que sucede cuando me niego a perdonar a quien me ha herido? Estoy cerrando las puertas a las posivilidades de vivir sin cargas.

En una ocacion escuche una historia antigua, de como se castigaba a un acesino, la manera era muy cruel tan cruel como el hecho que la persona cometio, en la historia de la humanidad una tribu hacia justicia con quien agredia a muerte, castigandole, cargando encima a su victima, se le colocaba en la espalda hasta que se descompusiera encima, no se que tan cierto es, pero se parece mucho a la posisición que nos encontramos cuando no podemos perdonar.

Luego de mucho tiempo con la falta de perdón holemos mal, nuestro humor cambia, las forma de comportarnos cambia somos menos tolerantes, no sabemos dar buenos consejos, porque estamos heridos y andamos regando ese aroma por todas partes.

Quiero decirte que nada es imposible para Dios, la mayor de las ofensas se pueden perdonar con al ayuda del Espiritu santo.

Un tips para matrimonios.

Hebreos 13:4
Reina-Valera 1960 - Honroso sea en todos el matrimonio, y el lecho sin mancilla; pero a los fornicarios y a los adúlteros los juzgará Dios

El matrimonio es muy atacado, y muy vulnerable en las ofensas, es muy comun ver las ofensas en el matrimonio, y muy común ver divorcios por la falta de perdón, la agresión muchas veces esta presente en los hogares donde el respeto se ha perdido, ¿entonces que desea Dios? Que logren llegar a un acuerdo.

Acuerdo en cuales aspectos?

1) Comunicación
2) No mentir
3) No secretos
4) No burlas
5) No infidelidad
6) No descalificativos
7) No agresión verbal ni física

Ponernos de acuerdo es una parte escencial, y esto no es posible sino no desarrollamos una buena comunicación basada en el respeto.

Si eres casado (o) esto es para ti y si no es importante que antes de casarte tambien tengas encuenta estos puntos.

Las ofensas marcan a las personas, porque su vida quizás se desarrollo en un ambiente descuidado y lleno de palabras hirientes, quizás no tuviste madre, padre, o simplemte tu infancia fue difícil, aún así quiero que sepas que tú puedes marcar la diferencia, y no tendras que repetir lo que viste a tus padres hacer, haz la diferencia no ofendas a nadie, cuida las palabras con la ayuda del Espiriu santo.

Tambien es importante

Jesús te dice hoy nada es casualidad para los que han sido marcados por el cielo para salvación, nada es al azar, todo lo que ha pasado en tu vida Dios lo usará con propósito.

Llegó el tiempo de volar, de crecer de creer de expandirte, de caminar con seguridad, con vida, con esperanza, de la mano del Espiritu santo, vuela alto, en tús pensamientos, permite que Dios te revele las cosas hermosas que tiene para ti. Despertando tu amor, tu compación, tu deseo de seguir viviendo no sobreviviendo, <u>bríndate esa oportudidad</u>, hasta que puedas promover en otros esta gran verdad.

Despídete de la conmiseración, de sentirte menos, miserable y sin propósito, quien ha permitido que estes aquí es el creador de todas las cosas, hoy él te abraza y te llena.

Cuentale tu testimonio a otras personas, da por gracia lo que por gracia haz recibido.

Amén.

"RECUERDA QUE VIAJAR LIVIANO ES EL MEJOR REGALO QUE TE PUEDES HACER."

SOBRE LA AUTORA

La pastora Ruth fernández, nacida en República Dominicana, pastora ordenada en la ciudad de Jersey City New Jersey Estados Unidos.

Egresada de la Universidad UAPA en Santo Domingo, de la carrera de Psicologia Educativa, cuenta con más de 19 años de experiencia ministerial y ha dedicado su vida a la enseñanza y el acompañamiento espiritual.

Conferencista Internacional, fiel colaboradora y fundadora del ministerio Centro de Avivamiento Vida Nueva.

Su enfoque minsiterial se destaca por la enseñanza del perdón, la sanidad interior y la peternidad de Dios, temas que ha desarrollado en conferencias y talleres a nivel internacional.

Ruth fernández es autora de varios recursos de crecimiento espiritual y su propósito es guiar a las personas a una transformación integral a través de una relación genuina con el Espiritu santo.

En su tiempo libre, disfruta la lectura de las escrituras y libros, ama compartir momentos con su familia.

"para ella, cada oportunidad de enseñar es un paso mas en su propósito de extender el reino de Dios"

Conecta con la autora en sus redes sociales

www.centrodeavivamiento129.com

Instagram centrodavn

Youtube: Centro de Avivamiento Vida Nueva

Facebook : pastora Ruth Fernandez

Correo electronico: ruthesthre256@gmail.com

Youtube: pastora Ruth fernandez

Derechos de Autor © 2024 Pastora Ruth Fernández Todos los derechos reservados.

Ninguna parte de esta publicación puede ser reproducida, almacenada o transmitida de ninguna forma, ya sea electrónica, mecánica, por fotocopia, grabación o cualquier otro medio, sin el permiso previo y por escrito de la autora.

Este devocional ha sido registrado por su autora como obra original. Cualquier uso indebido será considerado una violación a los derechos de propiedad intelectual.

Publicado a través de Amazon Kindle Direct

Publishin(KDP).

Made in United States
North Haven, CT
17 June 2025